Cendrillon

Il était une fois une très belle servante,
aux yeux bleus et aux cheveux blonds.

Elle porte le prénom de **Cendrillon**.

Ses journées sont longues et difficiles,
mais Cendrillon ne perd jamais sa bonne humeur,
elle chante joyeusement du matin au soir !

Elle a toujours **un mot gentil** pour chacun...

... grand, petit, souriant ou ronchon.

Jour et nuit, elle ne cesse de **rêver** d'une vie meilleure. C'est ce qui lui donne de l'espoir, même dans les moments les plus durs.

Un beau jour, **un grand bal** est annoncé au palais. C'est l'excitation générale ! Tout le monde est invité.

Je peux donc y aller, moi aussi !

Mais Cendrillon est pauvre et n'a pas de tenue
qui convienne à une telle occasion...
Elle ne possède qu'**une vieille robe** déchirée.

Heureusement, sa Marraine la Bonne Fée
lui vient en aide d'un coup de baguette magique :

– Bibbidi-Bobbidi-Boo !

Voilà que Cendrillon est vêtue d'une magnifique robe.

Telle une princesse, **elle brille de mille feux** !
Bien qu'un peu intimidée, la jeune fille est
impatiente de se rendre au bal.

Sa Marraine la met en garde :
– Cendrillon, tu dois surveiller l'heure,
car **à minuit pile**, la magie s'arrêtera
et tu retrouveras ton apparence de servante.

Lorsqu'elle arrive au bal, tout le monde admire la jeune femme. **Le Prince Charmant** tombe immédiatement amoureux d'elle !

Il l'invite à danser, sous les regards étonnés du Roi et du Grand-Duc. Le jeune homme ne la quitte plus de la soirée. Il aimerait tant que cette nuit ne **se termine jamais**...

DING DONG, DING DONG ...

Mais minuit finit par sonner...
Cendrillon doit quitter le palais !
Dans sa hâte, elle perd une de
ses pantoufles de verre.

Dès le lendemain, le Prince part à la recherche de la jeune femme. Il fouille chaque recoin du royaume pour retrouver **sa bien-aimée**.

Enfin, il se rend dans la maison de Cendrillon, qui essaie la pantoufle perdue. Le cœur du Prince s'emplit de joie en voyant que la chaussure lui va **parfaitement** !

– Vive Cendrillon !

s'écrient en chœur les souris, Jac et Gus,
le jour du mariage de leur amie.

Les rêves peuvent vraiment se réaliser !

hachette
JEUNESSE

Directeur : Timothée Le Mière
Responsable éditoriale : Adélaïde Lebuy
Responsable artistique : Thierry Duperray
Édition : Naïma Timzouert
Fabrication : Marine Wiplier
Adaptation texte : Prospérine Desmazures
Maquettiste : Valérie Salvo
Relecture : Catherine Rigal

Édité par Hachette Livre – 58, rue Jean Bleuzen – 92178 Vanves Cedex
Imprimé par Rotolito en Roumanie – Achevé d'imprimer : août 2022
ISBN : 978-2-01-717511-7 – Édition : 01 – Dépôt légal : août 2022

Loi n°49-956 du 16 juillet 1949 sur les publications destinées à la jeunesse.
Pour tout renseignement concernant nos parutions, nous contacter
par e-mail : disney@hachette-livre.fr

Les histoires des films des

Princesses Disney

racontées aux tout-petits !

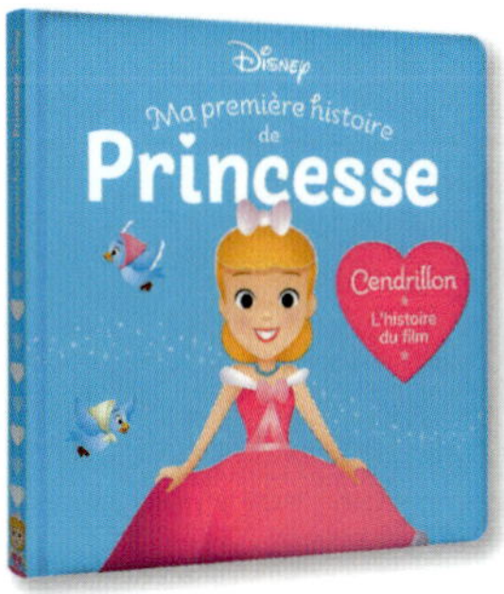

Cendrillon

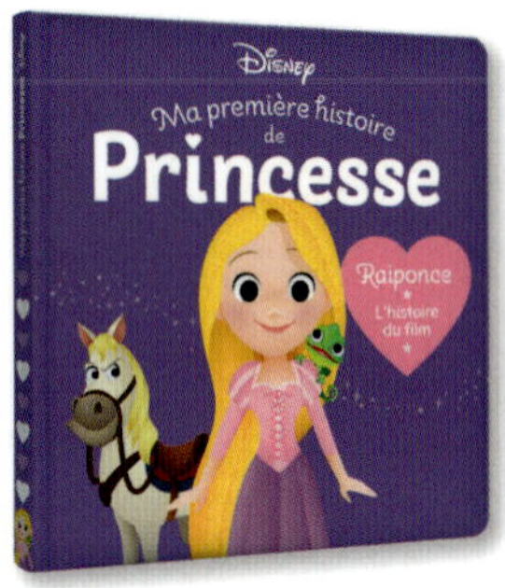

Raiponce

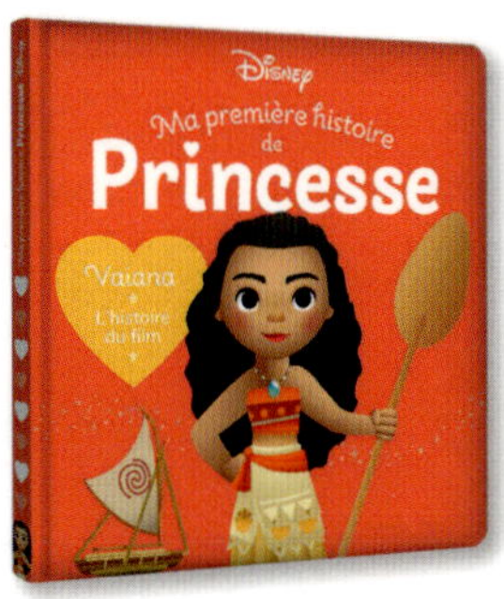

Vaiana